Derechos civiles

civiles

Viajeros de la Libertad

Harriet Isecke

Editora asociada
Torrey Maloof

Editora
Wendy Conklin, M.A.

Directora editorial
Dona Herweck Rice

Editora en jefe
Sharon Coan, M.S.Ed.

Gerente editorial
Gisela Lee, M.A.

Directora creativa
Lee Aucoin

Gerente de ilustración/diseñador
Timothy J. Bradley

Diseño de portada
Lesley Palmer

Arte de portada
Bettmann/Corbis
The Library of Congress

Editora comercial
Rachelle Cracchiolo, M.S.Ed.

Teacher Created Materials
5301 Oceanus Drive
Huntington Beach, CA 92649-1030
http://www.tcmpub.com
ISBN 978-1-4938-1669-9
© 2016 Teacher Created Materials, Inc.

Derechos civiles: Viajeros de la Libertad

Resumen de la historia

John Lewis es un estudiante universitario afroamericano que recibe maltratos mientras viaja en autobús en la autopista interestatal. Sorprendido y enfadado por la discriminación, él y su amiga Genevieve deciden unirse a los Viajeros de la Libertad para contribuir a que se cumplan las leyes de los derechos civiles. James Farmer, líder del Congreso de Igualdad Racial (CORE, por sus siglas en inglés), organiza a los Viajeros de la Libertad e intenta garantizar la protección policial de sus viajeros. Desafortunadamente, le niegan esta protección y los Viajeros de la Libertad sufren un ataque en Alabama. Testigo de la violencia racial, el gobierno federal finalmente interviene y promete apoyar a los afroamericanos en el movimiento por los derechos civiles.

Consejos para actuar el teatro leído

Adaptado de Aaron Shepard

- No permitas que el guión te tape la cara. Si no puedes ver a la audiencia, entonces el guión está demasiado alto.

- Mientras hablas, intenta levantar la mirada con frecuencia. No mires solo el guión.

- Habla lentamente para que la audiencia sepa lo que estás diciendo.

- Habla en voz alta para que todos puedan oírte.

- Habla con sentimiento. Si el personaje está triste, haz que tu voz suene triste. Si el personaje está sorprendido, haz que tu voz suene sorprendida.

- Mantente de pie con la espalda recta. Mantén las manos y los pies quietos.

- Recuerda que, incluso si no estás hablando, continúas siendo tu personaje.

Consejos para actuar
el teatro leído *(cont.)*

- Si la audiencia se ríe, espera a que dejen de hacerlo antes de comenzar a hablar nuevamente.

- Si alguien en la audiencia habla, no le prestes atención.

- Si alguien ingresa a la sala, no le prestes atención.

- Si cometes un error, sigue como si nada.

- Si algo se te cae, intenta dejarlo donde está hasta que la audiencia mire hacia otro lado.

- Si un lector olvida leer su parte, mira si puedes leer su parte, inventar algo o simplemente saltarla. ¡No le susurres al lector!

Derechos civiles:
Viajeros de la Libertad

Personajes

Charlotte Devree	John Lewis
James Farmer	Gobernador Patterson
Genevieve Hughes	Robert Kennedy

Escenario

Este teatro leído comienza en un campus universitario en enero de 1961. John y Genevieve conversan en acolchonados sillones en el área común, junto a una pequeña mesa. La historia se desplaza después hacia la sede del Congreso de Igualdad Racial, que está lleno de escritorios, papeles y voluntarios. El espacio es pequeño, pero organizado. El teatro leído finaliza en la mansión del gobernador Patterson en Alabama. Es espaciosa y demuestra claramente la posición y riqueza del gobernador.

Prólogo

Charlotte:	Durante mucho tiempo, los afroamericanos del Sur han sufrido tratos injustos. Los niños afroamericanos no pueden ir a escuelas "para blancos". No pueden comer en restaurantes "para blancos" ni usar baños "para blancos". A veces, los blancos ignoran leyes que protegen los derechos civiles de los afroamericanos. Mi nombre es Charlotte Devree y soy periodista. Me pidieron hacer algo peligroso.

James:	Soy James Farmer, líder del Congreso de Igualdad Racial, o CORE. Llegó la hora de adoptar una postura y proteger a los afroamericanos en el Sur. Les pedí a mujeres y hombres valientes de todo Estados Unidos que se unan a nuestra causa. Esto podría ser muy peligroso para ellos. También le pedí a Charlotte que nos acompañe. Necesito que vea lo que sucede y que informe la verdad.

Charlotte:	Debemos comenzar por el principio. En enero de 1961, algo le sucedió a un joven afroamericano llamado John Lewis. Estudia en la Universidad de Fisk, en Nashville, y durante sus vacaciones le sucedió algo injusto. Fue algo ilegal. Escuchemos cómo John les cuenta a sus amigos lo sucedido.

Acto I

Genevieve: Hola, John. No te he visto desde antes de las vacaciones de invierno de la escuela. Dijiste que visitarías a tu abuela en Alabama. ¿Cómo está?

John: Fue un viaje horrible, Genevieve. Estoy muy conmocionado. No he podido estudiar desde que regresé. No puedo comer y no puedo concentrarme.

Genevieve: ¿Por qué? ¿Qué sucedió?

John: Apenas puedo hablar al respecto.

Genevieve: ¿Está enferma tu abuela?

John: No, mi abuela está bien. No es eso.

Genevieve: Tienes un aspecto horrible. Quizás te ayude hablar de ello.

John: Quizás tengas razón. Fue el viaje en sí. No puedo creer el trato que recibí.

Genevieve: ¿A qué te refieres?

John: Decidí tomar un autobús desde Fisk hasta Alabama. El viaje hasta donde vive mi abuela es bastante largo, estaba realmente cansado y pensé que podría dormir un poco en el autobús. Ciertamente no estaba preparado para lo que sucedió después.

Genevieve: ¿Por qué? ¿Qué te sucedió?

John: Bueno, aquí en Fisk siempre nos tratan con respeto. ¡Las cosas no fueron así en este viaje en autobús! Fue horrible.

Genevieve: ¡Continúa!

John: Estaba ansioso por subir al autobús porque no había visto a mi familia desde el comienzo de las clases. Pensé que podría sentarme donde quisiera y creí que podría usar el baño cuando se detuviera el autobús. También tenía hambre y pensé que comería en la mesada del restaurante cuando nos detuviéramos. Nada de esto sucedió.

Genevieve: No comprendo.

John: Me obligaron a sentarme en la parte de atrás del autobús. Después, más personas subieron al autobús y debí viajar de pie durante horas porque un hombre blanco quiso mi asiento.

Genevieve: ¿Qué? No tiene sentido. Hace ya seis años que Rosa Parks se negó a darle su asiento a un pasajero blanco en Montgomery. El boicot de autobuses que lideró el Dr. Martin Luther King Jr. cambió las cosas.

John: No, nada ha cambiado. Me empujaron, me insultaron y me amenazaron. Dijeron que me arrestarían si no hacía lo que me decían.

Genevieve: ¡Estaba segura de que la segregación ya no existía en los autobuses del Sur!

John: Las personas decían que podían hacer lo que querían porque era un autobús interestatal y dijeron que era "una lástima" para mí porque no tenía derechos.

Genevieve: Pero, no pueden hacer eso. En 1946, la Corte Suprema dijo que la segregación era ilegal en los autobuses interestatales. El caso era sobre una pasajera llamada Irene Morgan y, al igual que Rosa Parks, no quiso darle su asiento a un hombre blanco. La arrestaron. Su caso llegó hasta la Corte Suprema y ganó.

John: Eso no es todo.

Genevieve: ¿Qué más sucedió?

John: No me permitieron usar el baño "para blancos" cuando se detuvo el autobús y el baño "para personas de color" estaba asqueroso. No tenía papel ni jabón y el inodoro estaba roto. Apestaba.

Genevieve: ¡No lo puedo creer! También es ilegal segregar los baños que se usan en viajes interestatales.

John: También me moría de hambre, pero no me permitieron comprar comida. Me sentía mareado y con náuseas y comencé a discutir, pero se negaron a servirme.

Genevieve: ¡Eso también es ilegal! Hubo un caso judicial al respecto en 1960. El caso era *Boynton contra Virginia*. No pueden negarse a venderte alimentos en un restaurante cuando viajas entre estados.

John: Bueno, no les importó la ley y ciertamente tampoco les importé yo. Cuando intenté defenderme, el conductor del autobús me gritó. Detuvo el autobús, se levantó de su asiento y me empujó. Me dijo que me arrestarían si no hacía exactamente lo que me decían. Finalmente me di por vencido, pero ahora estoy furioso. Quiero hacer algo al respecto, pero no estoy seguro qué.

Genevieve:	¿Alguna vez oíste hablar de CORE?
John:	No, ¿qué es?
Genevieve:	Es el Congreso de Igualdad Racial. Trabajan en el Sur para garantizar que se trate a las personas con justicia. Quizás deberías contarles lo que te sucedió.
John:	Es buena idea. Creo que lo haré.
Genevieve:	John, esto también me llena de furia, haré lo que pueda para ayudarte. No podemos quedarnos sentados y permitir que esto siga sucediendo. Cuéntame qué averiguas sobre lo que podemos hacer.

Poema: Compasión

Acto 2

Charlotte: John estaba muy conmovido por lo que le había sucedido, así que llamó a James Farmer de CORE. Yo estaba allí y pude oír lo que James decía.

James: Muchas gracias por llamar, John. Estoy realmente molesto por lo que te sucedió en el autobús y, créeme, no estás solo.

John: Lo que hicieron es ilegal, ¿verdad?

James: Así es, pero las compañías de autobuses del Sur con frecuencia ignoran las leyes que no son de su agrado. Creen que pueden hacer sus propias leyes.

John: Siento que debo hacer algo ahora. Tengo una amiga llamada Genevieve Hughes que también quiere ayudar. ¿Hay algo que podamos hacer para ponerle fin a esto?

James: Llamaste en el momento justo. A nuestro nuevo presidente, John F. Kennedy, le importan los derechos civiles y creemos que es el momento de que nos escuchen. Estamos planificando algo importante para esta primavera y buscamos a hombres y mujeres valientes que nos ayuden.

John: ¿Qué van a hacer?

James: Estamos organizando un Viaje de la Libertad. Tomaremos un autobús desde Washington D. C. hasta Nueva Orleans. Tenemos planeado salir desde Washington el cuatro de mayo y deberíamos llegar a Nueva Orleans el diecisiete de mayo.

John: ¿Qué sucederá en el Viaje de la Libertad?

James: Los Viajeros de la Libertad afroamericanos se sentarán en la parte delantera del autobús y usarán los baños "para blancos" y los Viajeros de la Libertad blancos se sentarán en la parte trasera y usarán los baños "para personas de color".

John: No suena demasiado difícil. Quiero unirme.

James: No deberías aceptar tan rápidamente, John. Debes pensarlo cuidadosamente antes. Esta protesta no será fácil. Algunas personas en el Sur se oponen a los cambios y lucharán contra la integración. Podría ser muy peligroso. Existe una posibilidad real de que puedas resultar herido.

John: Entiendo, pero si no nos hacemos oír, nunca nos tratarán como iguales. No deberíamos continuar viviendo de esta forma.

James: Estoy totalmente de acuerdo contigo.

John: ¿Cómo podemos respetarnos a nosotros mismos si permitimos que otros nos traten así? Genevieve y yo estamos preparados y estaremos allí.

James: Quizás piensen que están listos, pero antes deben entrenarse.

John: No podemos esperar más. Se debe hacer algo al respecto. Todas las personas merecen tener derechos civiles y ahora debemos defender lo correcto.

James: Como dije, podría haber violencia y deben aprender a resistir pacíficamente. Sin importar lo que les hagan, no pueden devolver el ataque. Si todavía quieren ir al Viaje de la Libertad, deben asistir al entrenamiento de tres días a fines de abril.

John: Entiendo que puedo resultar herido, pero no tengo miedo. Tampoco creo que Genevieve tenga miedo. Ambos encontraremos la valentía para hacer lo que sea necesario. ¡Cuenten con nosotros porque definitivamente estaremos allí!

James: Agradezco tu compromiso, John, y haré lo necesario por conseguir protección. Hablaré con John Patterson, el gobernador de Alabama, y también hablaré con el procurador general de Estados Unidos, Robert Kennedy. No estoy seguro de que nos ayuden, pero lo intentaré.

John: Muchas gracias, Sr. Farmer. Lo veré pronto.

James: Charlotte, quiero que también estés en ese autobús.

Charlotte: No lo sé, James. Es una decisión difícil para mí.

James: Debemos tener un periodista allí. Es la única forma en la que podemos asegurar que se dirá la verdad.

Charlotte: Tengo miedo porque tengo personas que dependen de mí. ¿Qué le sucederá a mi familia si salgo lastimada?

James: No puedo prometerte que no te lastimarán, Charlotte. Sé que te estoy pidiendo que hagas algo peligroso, pero también es muy importante.

Charlotte: Sé que esto es lo más importante que me han pedido que haga jamás, pero estoy verdaderamente atemorizada. Deberé hablar sobre esto con mi familia. Si logras conseguir protección para el autobús, quizás eso me ayude a decidir qué hacer.

James: Prometo que no incumpliré ninguna ley y haré lo posible por conseguir protección de la policía. Creo que probablemente tengamos problemas en Alabama. Me reuniré con el gobernador Patterson y el procurador general Kennedy en la mansión del gobernador el próximo lunes. Saben de nuestro plan y me pidieron que hable con ellos. ¿Quieres venir?

Charlotte: Bien, puedo hacer eso.

Acto 3

Gobernador: Bienvenidos a mi hogar, Sr. Farmer y Sr. Kennedy. Espero que hayan tenido un viaje fácil. Tenemos mucho de qué hablar. Sr. Farmer, veo que trajo a una amiga.

James: Sí, déjeme presentársela. Ella es Charlotte Devree, una periodista.

Gobernador: ¿Una periodista? Oh, ya veo. Debo decir que estoy un poco sorprendido. Solo los invité para que conversemos.

Charlotte: No fue mi intención sorprenderlo.

Gobernador: Srta. Devree, no podrá publicar lo que hablemos aquí. Debemos poder hablar libremente. Debemos poder decir lo que pensamos.

Kennedy: Algunas de las cosas que decimos pueden ser muy delicadas. Pueden ponerla incómoda. Esto debe ser extraoficial. Es de suma importancia.

Charlotte: Es un pedido extraño. Estoy aquí porque quiero entender qué sucede.

Gobernador: Le diremos lo que pensamos. Pero debe tener cuidado con lo que le informa al público. Puede ocasionar problemas si no es cuidadosa.

Charlotte: Gobernador, mi trabajo es informar la verdad y me lo tomo muy en serio. Mi objetivo no es ocasionar problemas. Pero antes debo conocer la verdad para informarla. Ese es el motivo por el cual vine aquí. Me alegra poder escuchar lo que todos tienen que decir.

Kennedy: Sr. Farmer, debo ser totalmente honesto con usted. Creo que el Viaje de la Libertad es una mala idea en este momento. De hecho, no podría haber escogido un peor momento.

James: ¿Y a qué se debe eso?

Kennedy: El mundo está bajo grave amenaza en este momento. Estados Unidos tiene problemas con otros países y estamos intentando combatir el comunismo. Estamos en guerra fría contra Rusia y tenemos problemas con Cuba.

Charlotte: ¿Y qué tiene que ver eso con el Viaje de la Libertad?

Kennedy: Tiene mucho que ver. No es momento de hacer algo que pueda causar problemas en el país. Deben esperar un mejor momento.

Charlotte: Esperen un minuto. No parece ser justo.

James: Los afroamericanos de este país ya han sufrido demasiado. Hay una larga historia de esclavitud. Todavía hay mucha discriminación. Nunca los han tratado como iguales y se enfrentan al prejuicio a diario. Esto no está bien. A nadie se le debería pedir que espere más.

Kennedy: Se han aprobado varias leyes claves para proteger sus derechos. Estoy seguro de que ambos lo saben.

Charlotte: Sí, pero lamentablemente, las leyes no se hacen cumplir.

James: Cuando se incumplen estas leyes, no hay consecuencias para quienes lo hacen. De hecho vinimos aquí a pedirles ayuda. ¿Están dispuestos a ayudarnos?

Gobernador: ¿Qué quieren que hagamos?

James:

Queremos que envíen policías a nuestro Viaje de la Libertad. Prometemos cumplir con la ley. Yo personalmente entrenaré a nuestros Viajeros de la Libertad para no devolver las agresiones, incluso si alguien intenta lastimarlos. Pero aún así estoy preocupado. A muchos no les gustará lo que hacemos. Creo que necesitaremos protección policial.

Kennedy:

Eso es tarea de la policía local. No es momento de que el gobierno federal se involucre. Es su decisión, gobernador. Quizás debería considerarlo.

Gobernador:

No creo que sea necesario. De hecho, creo que el Sr. Farmer debería suspenderlo. Está actuando sin pensar. No me importa lo que la ley dice sobre los autobuses interestatales. Las compañías de autobuses son negocios. Tienen derecho a ganar dinero. Tienen derecho a complacer a sus clientes blancos. Tienen derecho a decirles a las personas dónde se pueden sentar.

James:

No estoy de acuerdo con usted, gobernador. Las compañías de autobuses deben cumplir con la ley. Son como cualquier otra compañía.

Kennedy:

Comprendo lo que dice, Sr. Farmer. Pero hay un asunto más urgente aquí. No quiero que nadie salga lastimado. Gobernador, ¿cree usted que habrá violencia?

Gobernador: No lo creo. Pero el Sr. Farmer deberá pensar muy bien si desea continuar con esto. No debería poner a su gente en peligro.

James: Solo pedimos que se cumpla la ley.

Gobernador: No todas las leyes tienen sentido, Sr. Farmer. No busque problemas, porque los encontrará.

Kennedy: No quiero tener que seguir repitiendo esto, pero no deberá haber nada de violencia, gobernador. Espero que eso esté extremadamente claro. Usted debe garantizar que las cosas estarán bien. ¿Comprende lo que digo?

Gobernador: Realmente no creo que vaya a haber serios problemas. Si así lo creyera, enviaría a la policía.

Kennedy: Cuento con su buen juicio, gobernador. Espero que tenga razón sobre esto. Por otra parte, Sr. Farmer, estoy de acuerdo con el gobernador en que esta es una idea terrible. Debe ser paciente. Debe esperar un mejor momento.

James: ¡Es un escándalo! ¿Cuánto tiempo deben esperar las personas a que se las trate con justicia? ¿No cree que todos han tenido paciencia suficiente?

Charlotte: Cuando llegué aquí, tenía miedo y no podía decidir si unirme a los Viajeros de la Libertad. Esperaba que usted ayudara al Sr. Farmer para que todos estuviéramos a salvo en el autobús. ¡Pero ahora estoy furiosa! Estaré en ese Autobús de la Libertad, ¡y puede estar seguro de que publicaré la verdad!

James: El Viaje de la Libertad comenzó el cuatro de mayo de 1961. Todos a bordo del autobús estaban muy callados. Supongo que todos estábamos pensando en lo que podría suceder.

Charlotte: Tal como se planificó, los Viajeros de la Libertad negros viajaron al frente y los Viajeros de la Libertad blancos viajaron en la parte trasera del autobús. Yo estaba con el primer grupo.

James: Al principio no hubo problemas, pero no esperábamos que hubiera ninguno hasta que llegáramos a Alabama. Allí nos dividimos en dos autobuses.

Charlotte: Pero cuando llegamos a Anniston, Alabama, todo cambió.

Acto 4

Charlotte: Mi trabajo es informar toda la verdad. Antes de hacerlo, convoqué esta reunión porque quiero oír lo que cada uno de ustedes tiene que decir. Como ya saben, esto es una verdadera crisis para Estados Unidos. Los Viajeros de la Libertad fueron recibidos con una terrible violencia. Por eso es que pedí que todos ustedes hablen conmigo.

Genevieve: Yo estaba en el autobús con Charlotte. Una multitud enfadada de unas 200 personas nos recibió en Anniston, Alabama.

John: Había hombres, mujeres y niños. Creo que eran miembros del Ku Klux Klan, pero no usaban las túnicas blancas. Estaban con sus mejores ropas.

Genevieve: Le arrojaron piedras al autobús y cortaron las llantas, y no parecían estar preocupados porque los fueran a castigar.

John: Queríamos salir de la ciudad y alejarnos de la multitud, pero nos siguieron. Nos detuvimos como a seis millas de allí para cambiar las llantas y entonces alguien de la multitud arrojó una bomba incendiaria dentro del autobús.

Genevieve: Teníamos miedo de quemarnos, así que rompimos las puertas y ventanas y salimos.

John: Algunos viajeros estaban golpeados y debían ser atendidos en un hospital. Fue difícil llegar al hospital porque la multitud intentó detenernos. Pero, después de mucho forcejear, pudimos llevar a los viajeros lesionados allí.

Charlotte: Lo vi con mis propios ojos. Fue horrible. No había policías que nos ayudaran y ninguno de los que intentaron lastimarnos fue arrestado.

James: Al segundo autobús no le fue mejor. Golpearon a todos los Viajeros de la Libertad. A uno de ellos tuvieron que ponerle 50 puntos. Había sangre por todos lados. Pasó mucho tiempo hasta que todos estuvieron a salvo.

Kennedy: ¡No puedo creerlo! Gobernador, usted dijo que no habría violencia.

Gobernador: Bueno, pensé que habría algunos problemas. Pero nunca creí que sería tan malo.

Charlotte: Eso es algo difícil de creer. Sabe cómo se siente la gente. Debería haber enviado a la policía a que arrestara a todos los violentos.

Kennedy: Esto es intolerable, gobernador. Es su trabajo y contaba con que lo hiciera bien. ¿Comprende? ¡Debería haberlo evitado!

Gobernador: Le advertí al Sr. Farmer que no siguiera con esto. Le dije que pondría a su gente en peligro. Pero yo no quería problemas y me sorprendió que se saliera de control de esta forma.

Kennedy: El gobernador se equivocó al no proteger a su gente, Sr. Farmer. Pero ahora usted debe tomar otra decisión. No podrá continuar con el Viaje de la Libertad hasta Nueva Orleans en autobús. Es demasiado peligroso. El gobierno federal le dará un avión para que lo use en su lugar. Así, los Viajeros de la Libertad llegarán a Nueva Orleans sanos y salvos.

Gobernador: Sí, Sr. Farmer. Es definitivamente demasiado peligroso continuar con este viaje. Y este es un gran problema para nosotros, también. No podemos permitirles usar otro autobús. La compañía de autobuses no se arriesgará a perderlo y no les podemos pedir a los conductores que arriesguen sus vidas.

Genevieve: ¡No! ¡Debemos continuar! ¿No entienden lo decisivo que es esto? No podemos permitir que a los Viajeros de la Libertad los detenga la violencia sin sentido. Si nos detenemos ahora, ya nunca nos tratarán con igualdad.

James: Las personas en los primeros autobuses pueden viajar en avión a Nueva Orleans. Pero tenemos un nuevo grupo de viajeros que vienen desde Nashville. Están decididos a continuar con lo que empezamos y puedo asegurarles que viajarán en autobús hasta Nueva Orleans.

Genevieve: No podemos permitir que la gente piense que la violencia nos detendrá. Si lo hacemos, continuarán lastimándonos.

Gobernador: Esperen un minuto. ¿No creen que todos necesitamos un momento para apaciguarnos? Deberían considerar seriamente esperar un año o dos. Mucho podría cambiar en ese tiempo, Sr. Farmer.

James: No, no esperaremos más. ¡Nos hemos apaciguado durante 350 años! Usted es un hombre justo, Sr. Kennedy. Seguro que puede comprender por qué no podemos detenernos ahora. Si renunciamos, los racistas habrán ganado.

Kennedy: Tiene un buen punto, Sr. Farmer. Gobernador, es obvio que tienen la razón. No podemos permitir que gane la violencia. Los Viajeros de la Libertad deben continuar.

Gobernador: ¿Qué quieren que haga?

Kennedy: Asegúrese de que los Viajeros de la Libertad estén protegidos. Infórmeme si hay más problemas. Si los hay, deberé declarar la ley marcial y llamar a la Guardia Nacional.

Gobernador: No comprendo. De todas formas las compañías de autobuses no permitirán que esto continúe.

Kennedy: No se preocupe. Llamaré a las compañías de autobuses yo mismo. Hablaré también con la policía. Solo hágame saber si necesita que envíe a las tropas federales. Es hora de que los afroamericanos tengan sus derechos civiles.

James: Gracias, Sr. Kennedy.

Kennedy: Le pido que acepte mis disculpas, Sr. Farmer. Siento profundamente lo que le sucedió a usted y a sus Viajeros de la Libertad. ¿Podemos hacer algo más?

James: Las compañías de autobuses han ignorado la ley actual, Sr. Kennedy. Necesitamos que la ley sea más fuerte.

Kennedy: Llamaré a la Comisión de Comercio Interestatal. Haremos una ley más fuerte, Sr. Farmer. El transporte interestatal ya no estará segregado. Todos han demostrado gran valentía. Ganarán esta importante batalla. Y les prometo lo siguiente: el gobierno federal apoyará el movimiento por los derechos civiles.

Charlotte: Y los estadounidenses sabrán la verdad. Les contaremos acerca de la valentía de los Viajeros de la Libertad. Les haremos saber que no quisieron renunciar. Y que aunque los atacaron, nunca devolvieron la violencia. Le diremos a la gente cómo el gobierno contribuyó a la causa al final. ¡Es un día para celebrar!

 Canción: No dejaré que nadie calle mi voz

Compasión

Por Paul Lawrence Dunbar

¡Ay! Sé lo que siente el ave enjaulada
al brillar el sol en las montañas;
sopla la brisa sobre la grama,
y el río es agua acristalada;
si el pimpollo se abre en la mañana
y el dulce aroma de su cáliz vierte,
¡sé lo que el ave enjaulada siente!

Sé por qué el ave sus alas bate
pues fluye sangre aun tras las barras;
y aunque a su percha vuelve a aferrarse
en una rama quiere hamacarse;
y un dolor abre sus viejas llagas
que aún más profundo en su ser palpitan,
¡sé por qué sus alas agita!

¡Ay! Sé por qué canta el ave enjaulada
cuando en su pecho siente un dolor,
cuando reclama ser liberada;
no es una copla bien entonada,
más bien un rezo del corazón
que lanza al cielo ilusionada,
¡sé por qué canta el ave enjaulada!

No dejaré que nadie calle mi voz

Canción tradicional

Estribillo:
No dejaré que nadie (*palmas*) calle mi voz, (*palmas, palmas*),
calle mi voz, (*palmas, palmas*), calle mi voz.
No dejaré que nadie (*palmas*) calle mi voz,
seguiré hablando y andando
voy hacia la libertad.

Seguiré marchando (*palmas*), libre al fin, (*palmas, palmas*),
libre al fin, (*palmas, palmas*), ¡libre al fin!
Seguiré marchando (*palmas*), libre al fin,
seguiré hablando y andando
voy hacia la libertad.

Estribillo

Esta es una versión abreviada de la canción completa.

Glosario

boicot de autobuses: cuando grupos de personas se negaron a viajar en autobuses para impulsar cambios en las prácticas de las compañías de autobuses

Comisión de Comercio Interestatal (ICC): un grupo que establece normas que afectan los negocios entre estados

Congreso de Igualdad Racial (CORE): un grupo de personas que trabajó por los derechos civiles en el Sur de Estados Unidos

derechos civiles: los derechos de todos los seres humanos a ser tratados iguales según la ley

discriminación: trato desigual que reciben las personas según su clase, raza o sexo

integración: brindar las mismas oportunidades a todas las personas; lo opuesto de segregación

ley marcial: normas que se hacen cumplir cuando los militares toman el control de un área

racista: una persona que considera que las personas de una raza son mejores que las de otra

segregación: separación de personas por la raza